古诗文中的地理

◎ 中国地图出版社　编著

中国地图出版社

·北京·

图书在版编目（CIP）数据

古诗文中的地理 / 中国地图出版社编著．-- 北京：中国地图出版社，2025．7．-- ISBN 978-7-5204-4976-2

Ⅰ．K92-49

中国国家版本馆 CIP 数据核字第 2025H6P940 号

GUSHIWEN ZHONG DE DILI

古诗文中的地理

出版发行	中国地图出版社	邮政编码	100054
社　　址	北京市西城区白纸坊西街 3 号	网　　址	www.sinomaps.com
电　　话	010-83490076　83495213	经　　销	新华书店
印　　刷	保定市铭泰达印刷有限公司	印　　张	7.5
成品规格	170 mm × 240 mm		
版　　次	2025 年 7 月第 1 版	印　　次	2025 年 7 月河北第 1 次印刷
定　　价	29.80 元		
书　　号	ISBN 978-7-5204-4976-2		

前言

中国是诗文的国度。诗文是民族的心声，也是文化的载体。通过诗文，中国人从小就接受了文学和美学的启蒙。“鹅，鹅，鹅，曲项向天歌”“春眠不觉晓，处处闻啼鸟”“学而不厌，诲人不倦”，儿童在背诵这些名句时，未必理解其意，但已经沐浴着诗文的美感，在受熏陶了。

古典诗文不仅是中华优秀传统文化的重要组成部分，也是人文地理学习的宝贵资源。《古诗文中的地理》收录了 57 篇诗、词和古文，它们均是脍炙人口的名篇。在本书中，编者不但设计了注释、背景解读、意象解释等常规的板块，还结合诗文、作者的情况，为读者提供了地理名片这一板块。在这个板块中，编者着眼于作者家乡、诗文创作地等地理要素，向读者介绍简要的地理知识，帮助读者拓宽知识面，从而达到激发学习兴趣、增强文化底蕴、提高审美情趣的目的。

目录

独坐敬亭山

［唐］李白

众鸟高飞尽，
孤云独去闲。
相看两不厌，
只有敬亭山。

注释

尽：没有了。

闲：形容云彩飘来飘去的样子。

厌：满足。

地理名片

描写对象：敬亭山

别名：昭亭山

位置：安徽省宣城市北

游诗境

山中群鸟飞得没有了踪迹，天上的孤云飘来飘去。与我终日相看却看不够的，只有这高高的敬亭山了。

解诗情

诗人以奇特的想象和巧妙的构思，赋予景物以生命，将敬亭山拟人化，写得十分生动。诗人与山的相互凝望，无需言语，却达到了情感上的交流，这种情感的表达既浪漫又深刻。这首诗的主旨不是赞美景物，而是借景抒情，抒发诗人怀才不遇之情。

晓地理

敬亭山属黄山余脉。黄山古称“黟山”，唐代改称“黄山”。明著名旅行家徐霞客曾有“薄海内外，无如徽之黄山。登黄山天下无山，观止矣”的赞语。

芙蓉楼送辛渐

［唐］王昌龄

寒雨连江夜入吴，
平明送客楚山孤。
洛阳亲友如相问，
一片冰心在玉壶。

注释

连江：雨水与江面连成一片，形容雨很大。

平明：天刚亮。

冰心：比喻纯洁的心。

地理名片

描写对象：芙蓉楼

位置：江苏省镇江市西北

属地位置：宁镇山地

属地地位：中国历史文化名城

属地名胜：金山、焦山、北固山

游诗境

寒雨夜半落在吴地，与江水连成一片。第二天拂晓，我要送客的时候，连楚山都显得孤独。倘若洛阳的亲友向你询问我的情况，请你转告他们，我的心像玉壶冰一样高洁。

解诗情

苍茫的江雨和孤峙的楚山烘托出诗人送别辛渐时的孤寂。屹立在江天之中的孤山同冰心置于玉壶的对比，马上令人联想到诗人孤介傲岸、冰清玉洁的形象。诗人托辛渐给洛阳亲友带去的口信是大有深意的。当

时，他正因不拘小节而处于众口交毁的恶劣环境之中。诗人自比晶莹的冰心玉壶，正是蔑视谤议的自誉。

知背景

这首诗大约作于开元二十九年（741）以后。诗人时任江宁丞，辛渐是他的朋友，这次拟由润州渡江，取道扬州，北上洛阳。诗人可能陪他从江宁到润州，然后在此分手。临别之际，诗人作诗二首以抒离情，这是其中一首。

塞下曲

[唐] 卢纶

月黑雁飞高，
单于夜遁逃。
欲将轻骑逐，
大雪满弓刀。

注释

塞下曲：古时边塞的一种军歌。

月黑：没有月光。

单于：匈奴的首领，这里指敌军的最高指挥官。

将：率领。

地理名片

诗人家乡：蒲州

今地：山西省运城市永济市西南

位置：山西省西南部、黄河东岸，邻接陕西省

当地名胜：万固寺、王官峪

解诗情

诗人没有花费笔墨描写我军人呼马嘶、列队欲出的画面，而是选择了一个特写镜头——满是雪花的弓刀，就把将士们昂扬的士气、勇猛的精神、杀敌的决心、威武的气概都表现出来了。这种以小见大、以个别见一般的艺术表现手法是很见功力、颇具匠心的。

游诗境

黑夜沉沉，没有月光，风急雪紧，大雁高飞。就在这个时

候，敌人悄悄地逃跑了。我方的轻装骑兵正准备追歼残敌，只见弓箭、大刀上很快就落满了雪花。

学文史

唐代是我国诗歌发展的黄金时代，众多伟大的诗人，把我国的诗歌艺术推向了高峰。至今，留存于世的唐诗有 5 万多首，其中许多名篇已成为经典。唐诗的发展大体经过了四个阶段：初唐的诗歌变革、盛唐的全面繁荣、中唐的再度繁荣和晚唐注重形式技巧而气势衰落。

墨梅

[元] 王冕

我家洗砚池头树，
朵朵花开淡墨痕。
不要人夸好颜色，
只留清气满乾坤。

注释

墨梅：用水墨画的梅花。
树：诗中指梅花树。
清气：梅花的清香之气。
乾坤：天地，这里指人间。

地理名片

诗人家乡：诸暨
今地：浙江省绍兴市诸暨市
位置：浙江省中北部
当地名胜：五泄瀑布、枫桥小天竺

游诗境

我家洗砚台的池边有一株梅树，天长日久，树上的朵朵梅花显出淡淡的墨痕。它们不以漂亮的颜色取悦世人，只是为了在天地之间留下一缕清气。

解诗情

这是一首题画诗。诗人工于画梅，也善于咏梅。这首诗借题画言志，通过墨梅特有的“墨痕”与“清气”，表现了诗人蔑视世俗、淡泊明志的品德操守，抒发了诗人浩然与天地相始终的人格理想。

识意象

梅原产中国，多分布于长江以南各地。宋元时代，有些画家将竹、梅、松画在一起，称“岁寒三友”。后明代画家称梅、兰、竹、菊为“四君子”。在中国传统文化中，梅以高洁、坚强、谦虚的品格激励人们立志奋发。

蝉

［唐］虞世南

垂緌饮清露，

流响出疏桐。

居高声自远，

非是藉秋风。

注释

垂緌：古人帽带下垂的部分，在颔下。蝉的头部有伸出的触须，形状与垂緌相似。

流响：指连续不断的蝉鸣声。

藉：凭借。

地理名片

诗人家乡：越州余姚鸣鹤

今地：浙江省宁波市慈溪市

位置：浙江省东部，濒临杭州湾

当地名胜：杭州湾国家湿地公园、上林湖越窑遗址

游诗境

蝉垂下像帽带一样的触须，吸吮着清澈甘甜的露水。它的鸣叫声连续不断地从稀疏的梧桐树枝间传出。蝉的声音能够传得远，不是凭借秋风的力量，而是因为它身在高处。

解诗情

这是一首咏物诗。古人认为，蝉生性高洁，栖高饮露，因此诗人将

其人格化，用比兴和象征的手法，表明品格高尚的人不需要凭借外物，自能声名远扬。

乞巧

［唐］林杰

七夕今宵看碧霄，
牵牛织女渡河桥。
家家乞巧望秋月，
穿尽红丝几万条。

注释

碧霄：蓝天。

几万条：比喻数量多。

地理名片

诗人家乡：闽县

今地：福建省福州市

当今地位：海峡西岸城市群中心城市

当地名胜：于山、乌山

游诗境

七夕之夜，人们纷纷抬头仰望天空，好像能看见牛郎织女渡过银河，在鹊桥相会。家家户户一边观赏秋月，一边乞巧（对月穿针），用针穿过的红线有几万条。

解诗情

《乞巧》是一首描写七夕乞巧盛况的名诗。本诗浅显易懂，用家喻户晓的神话传说，表达了人们乞求智巧、追求幸福的美好愿望。

知习俗

乞巧是中国古代民间风俗：妇女于夏历七月七日夜间向织女星乞求智巧，穿七孔针。

示儿

[宋]陆游

死去元知万事空，
但悲不见九州同。
王师北定中原日，
家祭无忘告乃翁。

注释

示儿：写给儿子看。
元知：原本知道。元通“原”，意思是本来。
九州：中国的别称之一。
王师：南宋朝廷的军队。
中原：被金人侵占的淮河以北地区。

地理名片

诗人家乡：山阴
今地：浙江省绍兴市
位置：宁绍平原西部
当今地位：中国历史文化名城
当地名胜：沈园、鉴湖、大禹陵

解诗情

诗人身历神州陆沉之恨，深以南宋偏安一隅、屈膝乞和为耻，念念不忘收复中原，但他从未得到重用，而且多次罢职闲居，平生志业，百无一酬。诗人的一生是失意的一生，而他的爱国热情始终没有减退。从这首诗中，我们能感受到他对恢复中原九死不悔的精神。

游诗境

人死后，万事万物再无牵挂。唯一使我痛心的，就是没能亲眼看到

国家的统一。但是，我坚信，大宋的军队必定会光复失地。到了那一天，家祭时千万别忘记把这个喜讯告诉我。

知背景

嘉定三年（1210），八十五岁的诗人一病不起。这首诗是他的绝笔，也是他的遗嘱，字里行间满是血泪与悲壮。

题临安邸

[宋]林升

山外青山楼外楼，
西湖歌舞几时休？
暖风熏得游人醉，
直把杭州作汴州。

注释

休：停止。

直：简直。

汴州：北宋都城汴京。

地理名片

描写对象：汴州

今地：河南省开封市

位置：河南省中东部

当今地位：中国八大古都之一

当地名胜：铁塔、北宋东京城遗址

游诗境

青山连着青山，高楼鳞次栉比。不知西湖边的轻歌曼舞什么时候才会结束？和暖的风吹得在此游玩的达官贵人陶醉不已，他们简直把杭州当成了汴京。

知背景

靖康之变后，宋室南渡，迁都杭州。他们醉生梦死，只求偏安，丝毫没有恢复中原的打算。针对这种黑暗的现实，诗人在杭州一家旅舍的墙壁上写下了这首诗。

解诗情

诗人以讽刺的语言描写当政者纵情声色的丑态，并通过“杭州”与“汴州”的比较，不露声色地揭露了“游人”的腐朽本质，表现了他对当政者不思收复失地的愤慨以及对国家命运的担忧。这首诗堪称讽喻诗中的杰作。

己亥杂诗

[清] 龚自珍

九州生气恃风雷，
万马齐喑究可哀。
我劝天公重抖擞，
不拘一格降人材。

注释

生气：生气勃勃的局面。

万马齐喑：千万匹马沉默无声，比喻社会局面毫无生气。

抖擞：振作，奋发。

地理名片

诗人任职地：北京

今地：北京市

位置：中国北部、华北平原北端

当今地位：中国历史文化名城

当地名胜：故宫、景山、北海

游诗境

目前，这种万马齐喑的局面令人窒息，必须依靠疾风巨雷般的力量才能打破令人悲哀的政治气氛，使整个大地富有生气。希望皇帝抖擞精神，破除陈规，让各种人才奋发有为。

解诗情

诗人具有思想家的卓识。他意识到，清朝到了嘉道年间，已处于封建制度面临崩溃的阶段。他借这首广为传诵的名作，抒发了愤慨的情绪，

强烈地表现了自己呼唤风雷、渴求人才、变革现实的美好愿望。“我劝天公重抖擞，不拘一格降人材。”这两句诗寓意深刻，气势不凡。

知背景

《己亥杂诗》是诗人在道光十九年（1839，己亥年）写的组诗，共三百一十五首，这是其中的一首。是年，诗人辞官离京，南下杭州，后又北上接家眷，历时八个多月，这组诗即在其间陆续写成。

山居秋暝

［唐］王维

空山新雨后，天气晚来秋。
明月松间照，清泉石上流。
竹喧归浣女，莲动下渔舟。
随意春芳歇，王孙自可留。

注释

暝：日落时分。

浣女：洗衣服的女子。

春芳：春天的花草。

歇：尽。

地理名片

诗人家乡：蒲州

今地：山西省运城市永济市西南

交通条件：同蒲铁路和运风高速公路经过永济

当地名胜：万固寺、王官峪

游诗境

初秋时节，空旷的山野刚刚下过一场雨，所以傍晚的天气特别凉爽。明月照耀着幽静的松林，清澈的泉水在山石间流淌。竹林喧响，这是洗衣服的姑娘归来了。莲叶浮动，那是渔舟正顺流而下。春天的芳菲随它逝去，眼前的秋景足以令人流连。

解诗情

这首诗描绘的山水画卷充满了生活气息，给人清新自然的感觉。在诗中，景物动静结合，苍松、清泉、翠竹、青莲构成了生机盎然、高洁脱俗的意境，表达了诗人对隐居生活的留恋和对理想境界的追求。

枫桥夜泊

［唐］张继

月落乌啼霜满天，
江枫渔火对愁眠。
姑苏城外寒山寺，
夜半钟声到客船。

注释

枫桥：桥名，在今苏州市阊门外。

江枫：江边的枫树。

姑苏：苏州的别称。

地理名片

诗人任职地：洪州

今地：江西省南昌市

位置：江西省北部

当今地位：中国历史文化名城

当地名胜：百花洲、滕王阁

游诗境

一轮明月悄悄沉落，乌鸦发出了几声短促的啼鸣。满地的秋霜，仿佛弥漫在整个天空中。我面对着江岸边的枫树、江上渔舟的灯火，顿起愁绪，便再也不能入睡。半夜里，苏州城外寒山寺的钟声悠然响起，传入了我的船舱。

解诗情

这首诗主要写了夜泊客船之景。前两句的意象紧凑细密。江枫、渔

火，一静一动，一暗一明，是诗人对周边环境的感知。落月啼乌，繁霜暗凝，诗人感受到漫天霜华和蚀骨的寒意。后两句开阔疏朗，其中的“钟声”为全诗增添了余音袅袅的神韵，古雅庄严，情味隽永。

晓地理

寒山寺始建于南朝梁天监年间，在今江苏省苏州市，传说因唐代诗僧寒山、拾得住过而得名。

长相思

[清] 纳兰性德

山一程，水一程，身向榆关那畔行，夜深千帐灯。
风一更，雪一更，聒碎乡心梦不成，故园无此声。

注释

程：路程。

帐：军营的帐篷。

聒：声音嘈杂，这里指风雪声。

地理名片

描写对象：榆关

别名：山海关、渝关

位置：河北省秦皇岛市东北

得名原因：位于山海之间

游词境

我随同将士们翻过一座座山，越过一条条河，马不停蹄地向山海关进发。夜已经深了，很多帐篷里还点着灯。

外面刮着风，下着雪，搅碎了将士们思乡的心，使他们难以入梦。故乡并没有这种风雪声。

解词情

“山一程，水一程”，随着空间的变换，词人离故园越来越远。“风一更，雪一更”，随着时间的推移，他对故园的思念越来越浓烈。词人在写景中寄寓了强烈的思乡情怀。

渔歌子

［唐］张志和

西塞山前白鹭飞，
桃花流水鳜鱼肥。
青箬笠，绿蓑衣，
斜风细雨不须归。

注释

桃花流水：桃花盛开的季节正是春天涨水的时候，俗称桃花汛。

箬笠：用箬竹的篾和叶子制成的帽子。

地理名片

描写对象：西塞山

位置：湖北省黄石市东北

属地位置：湖北省东南部、长江南岸

属地名胜：东方山、磁湖、飞云洞

解词情

这首词以清新、质朴为主基调。桃花汛泛起之时，春色正浓。富于江南特色的鹭鸟、鳜鱼、桃花、风雨和渔翁构成了一幅精美的画面，而画面的中心——渔翁在这些景物的衬托下显得悠然自得。他被周边的环境吸引，产生了淳朴的意趣和不愿意离开的深情，体现了“烟波垂钓”的平淡之美。

游词境

西塞山前，白鹭展翅飞翔。桃花盛开，春水初涨，鳜鱼正肥美。渔翁头戴青色的箬笠，身披绿色的蓑衣，春风轻拂，细雨迷蒙，正好垂钓，用不着回家。

学文史

渔歌子，唐教坊曲名，后用为词牌，或作“鱼歌子”。

论语六则

[春秋] 孔子

知之为知之，不知为不知，是知也。

敏而好学，不耻下问。

默而识之，学而不厌，诲人不倦。

我非生而知之者，好古，敏以求之者也。

学如不及，犹恐失之。

吾尝终日不食，终夜不寝，以思，无益，不如学也。

注释

知：同"智"，智慧。

下问：向地位、学问不如自己的人请教。

识：记住。

敏：此处指勤勉。

地理名片

作者家乡：鲁国陬邑

今地：山东省济宁市曲阜市东南

位置：山东省南部

当今地位：中国历史文化名城

当地名胜：孔庙、孔府、孔林

解散文

知道就是知道，不知道就是不知道，这就是聪明智慧。

聪敏而爱学习，而且不耻于向地位、学问不如自己的人请教。

把学到的知识默默地记在心里，努力学习从不满足，教导别人从不厌倦。

我不是生来就有知识的人，而是爱好古代文化，靠勤奋求取知识的人。

学习知识就像追赶什么似的，生怕追不上。学到的知识要紧紧掌握，唯恐忘掉。

我曾经整天不吃饭，整晚不睡觉，去思考问题。这样没有益处，不如去学习。

学文史

本文选自《论语》。《论语》是一部传世的儒家经典，是孔子弟子及其再传弟子关于孔子言行的记录，包括孔子谈话、答弟子问及弟子间互相谈论等内容。宋代把它与《大学》《中庸》《孟子》合为“四书”。

读书有三到

[宋] 朱熹

余尝谓读书有三到，谓心到、眼到、口到。心不在此，则眼不看仔细，心眼既不专一，却只漫浪诵读，决不能记，记亦不能久也。三到之中，心到最急。心既到矣，眼口岂不到乎？

注释

谓：说。

漫浪：随意。

急：要紧，重要。

地理名片

诗人定居地：建阳

今地：福建省南平市建阳区

位置：福建省南平市中部、崇溪中游

当地名胜：唐宋建窑遗址、朱熹墓

解散文

我曾经说过，读书有三到，即心到、眼到、口到。心思不在书本上，眼睛就不会仔细看。如果心和眼都不专注，只是随意念几句，怎么能记得住呢？即使暂时记住了，也会很快忘记。三到之中，心到最重要。如果能够做到心到，眼、口会不到吗？

学文史

“聚精会神”是常用成语，出自西汉王褒的《圣主得贤臣颂》：“聚精会神，相得益章。”这句话的意思是集中圣主、贤臣的智慧，就能各取所长，愈益发挥其才能、作用。后来，人们用“聚精会神”形容注意力十分集中。

观书有感

[宋] 朱熹

半亩方塘一鉴开，
天光云影共徘徊。
问渠那得清如许？
为有源头活水来。

注释

鉴：镜子。

天光：天空的光景。

渠：这里指方塘之水。

那得：怎么会。那通“哪”，怎么。

为：因为。

地理名片

诗人祖居地：婺源

位置：江西省上饶市婺源县

属地位置：江西省东北部、乐安江上游，邻接浙江、安徽两省

属地名胜：篁岭、高湖山、彩虹桥

游诗境

那半亩大小的方形池塘仿佛一面明镜，倒映出长天无垠，云影悠悠。池塘里的水为什么这样清澈呢？那是因为有个源头不断为它输送活水。

解诗情

这首诗是宋代最著名的哲理诗之一，主要写读书的体会。诗人以方塘有活水而清比喻人只有不断汲取新知识，才能心明眼亮。全诗语言浅显，形象生动。

品名句

“问渠那得清如许？为有源头活水来。”这两句将本诗前两句描写的感性认识升华为理性认识，将客观世界的“天光云影”转化为深刻的哲思，无疑是本诗展现出的思想意义。

观书有感

[宋] 朱熹

昨夜江边春水生，
蒙冲巨舰一毛轻。
向来枉费推移力，
此日中流自在行。

注释

蒙冲：同“艨艟”，古代战船名。

向来：原来，指春水上涨之前。

地理名片

诗人任职地：潭州

今地：湖南省长沙市

位置：湖南省东部、湘江下游沿岸

当今地位：中国历史文化名城

当地名胜：岳麓山、天心阁、开福寺

游诗境

昨天夜里，江边的春水大涨，这使得江边的一艘大船轻盈得如同一片羽毛。此前，行船时人们要耗费很多力气推拉这艘船，今天它却能在江水中自在行驶。

解诗情

这首诗以行船为例，突出春水的重要性，让读者体会与读书有关的道理：读书的基本功要扎实深厚，才能运用自如。

学文史

“中流砥柱”是常用成语。砥柱，原为河南省三门峡东的一个石岛，屹立于黄河急流之中。人们用这个成语比喻能担当重任、支撑危局的人。

四时田园杂兴

[宋] 范成大

昼出耘田夜绩麻，
村庄儿女各当家。
童孙未解供耕织，
也傍桑阴学种瓜。

注释

耘：锄草。

绩麻：搓捻麻线。

各当家：各人都有自己该干的事。

供：从事，参加。

傍：靠近。

地理名片

诗人任职地：静江府

今地：广西壮族自治区桂林市

位置：广西壮族自治区东北部、西江支流桂江上游

当今地位：中国历史文化名城

当地名胜：漓江、桂林王城

知背景

诗人写有《四时田园杂兴》六十首，描写农村风光和民生疾苦，这首诗是其中之一。

游诗境

白天，男人们在稻田里给秧苗除草，女人们干完白天的活儿，晚上还要将麻搓成线，再把线织成布。青壮年男女都不得闲，他们各司其职。农村的孩子们即便不会耕织，却也在茂盛成荫的桑树底下学着种瓜。

解诗情

这首诗用清新的笔调描写了农村夏忙时的劳动场面。男耕女织，不分昼夜，一片繁忙。全诗语言浅显，朴实自然，具有浓厚的生活气息。结句写农村儿童劳动时的天真情趣，流露出赞扬之意。

稚子弄冰

[宋] 杨万里

稚子金盆脱晓冰，
彩丝穿取当银钲。
敲成玉磬穿林响，
忽作玻璃碎地声。

注释

稚子：幼小的孩子。
金盆：铜盆。
脱：取出。
玻璃：古代常指一种玉石。

地理名片

诗人任职地：筠州
今地：江西省宜春市高安市
位置：江西省西北部、赣江支流锦江中游
交通条件：沪昆铁路和昌栗高速公路经过高安

游诗境

清晨，一个小孩取出铜盆中的冰块，用彩线穿上，提在手中当作银钲敲打。他一边和几个小孩穿越树林，一边敲冰，发出了玉磬般的响声。忽然，冰块掉到地上，又发出玻璃摔碎般的声音。

解诗情

这是一首童趣诗，描写了孩子们玩冰的场面。诗中虽然没有明确写小孩子的人数，但可想见，“稚子”最初为一人，到了“穿林”时则是几个小孩子一起玩耍。诗人没有点明冰摔到地上的直接原因，也未描述孩子们此后的神情动作。但我们完全可以想象，他们先是推推搡搡，吵吵嚷嚷，而后是一阵哄叫、一阵埋怨。在此基础上，我们可以体会到孩子们以冰为钲、自得其乐的盎然意趣。

游子吟

[唐] 孟郊

慈母手中线，游子身上衣。
临行密密缝，意恐迟迟归。
谁言寸草心，报得三春晖。

注释

游子：离家远游的人。

吟：诗体名称。

意恐：担心。

报得：报答。

地理名片

诗人隐居地：嵩山

位置：河南省郑州市登封市北

别名：中岳

主峰：峻极峰（海拔1491.7米）

当地名胜：登封观星台、少林寺

解诗情

这是一首歌颂伟大母爱的绝唱，千百年来口口相传。“慈母手中线，游子身上衣”写出了母子相依为命的骨肉情深；“临行密密缝，意恐迟迟归”表现了母亲对即将远行的儿子的怜爱难舍；“谁言寸草心，报得三春晖”将母爱比作春天和煦的阳光，将儿子比作阳光下茁壮成长的小草，而儿子怎能报答母爱于万一呢？

知背景

这首诗作于贞元十六年至十七年（800—801）。当时，诗人在洛阳

应铨选，获得了溧阳县尉的职位，连忙将母亲接来同住。他有感于母亲的养育之恩，于是写下了这首感人至深的作品。

鸟鸣涧

[唐] 王维

人闲桂花落，
夜静春山空。
月出惊山鸟，
时鸣春涧中。

注释

鸟鸣涧：鸟儿在山涧中鸣叫。
空：空寂。
月出：月亮升起。
时：时而。

地理名片

描写对象：云溪
今地：江苏省镇江市丹阳市
位置：江苏省南部，东北濒长江
当地名胜：万寿塔、陵口六朝陵墓

游诗境

寂静的山涧中，桂花无声地飘落。宁静的夜色中，春山一片空寂。月亮升起时，惊动了山中的鸟儿，山涧里时而传来清脆的鸟鸣声。

解诗情

这首诗描写了月夜春山的空阔静谧，却不是正面写静，而是以反写正，由动见静。互相矛盾的事物总是互相依存的，艺术的辩证法也是这样。诗中写了桂花、山鸟，并连用了两个“春”字，使我们感到了春天浓郁

的气息。然而，诗人并没有具体描写桂花的色彩和芳香，这就给我们留下了想象的余地，而这一切都笼罩在迷蒙的月色中，更造成了一种朦胧之美。

从军行

[唐] 王昌龄

青海长云暗雪山，
孤城遥望玉门关。
黄沙百战穿金甲，
不破楼兰终不还。

注释

从军行：乐府曲名，内容多写边塞的情况和战士的生活。

穿：磨破。

金甲：金属制铠甲。

楼兰：西域古国名，这里泛指西域地区的各部族政权。

地理名片

描写对象：青海湖

古称：西海

位置：青海省东北部

当今地位：国家级风景名胜区

游诗境

青海湖上空连绵的乌云使雪山变得阴暗，一座孤城与玉门关遥遥相望。戍守边疆的战士久经征战，铠甲都被黄沙磨穿了。他们不打败西部的敌人决不会还乡。

解诗情

诗的前两句向读者展示了西部边陲暗淡、旷远的自然环境，渲染了一种紧张、严峻的气氛。一个“孤”字，不仅写出了边城的荒寂无依，更有力地衬托出边城独立荒漠、岿然不动的雄姿，这是对守边将士由衷的歌颂。后两句由情景交融的描写转入直接抒情。“黄沙”句生动地再现了战争之频繁、战斗之艰苦、敌军之强悍、边地之荒凉等严酷的现实。“不破楼兰终不还”掷地有声地道出了将士们夺取胜利、为国立功的豪情壮志，读来令人热血澎湃。

秋夜将晓出篱门迎凉有感

[宋]陆游

三万里河东入海，
五千仞岳上摩天。
遗民泪尽胡尘里，
南望王师又一年。

注释

三万里：虚指，形容很长。

五千仞：虚指，形容很高。

岳：指华山。

地理名片

描写对象：华山

位置：陕西省渭南市华阴市南

别名：西岳

当地名胜：玉泉院、桃林坪、青柯坪

游诗境

三万里长的黄河奔腾向东，流入大海，五千仞高的华山耸入云霄，触摸青天。可惜的是，如此奇伟壮丽的山河早已陷于敌手。在那里，心怀故国的民众年年盼望南宋出师北伐，可是愿望终究落空了。

解诗情

“遗民泪尽胡尘里”，这句诗既表达了沦陷区人民的失望之情，也说出了诗人对南宋统治者的不满。统治者醉生梦死于西子湖畔，把大好河山、国仇家恨丢在脑后。通过这首诗，诗人盼望他们早日觉醒，派兵北上，收复国土。

知背景

诗人作此诗时，中原地区沦陷于金人之手已六十多年了。当时虽值初秋，暑威仍厉，他不能安睡，天将拂晓之际，步出篱门，心有所感，作诗二首，此诗是其中一首。

闻官军收河南河北

［唐］杜甫

剑外忽传收蓟北，
初闻涕泪满衣裳。
却看妻子愁何在，
漫卷诗书喜欲狂。
白日放歌须纵酒，
青春作伴好还乡。
即从巴峡穿巫峡，
便下襄阳向洛阳。

注释

闻：听说。

却看：回头看。

妻子：妻子和孩子。

青春：指春天。

地理名片

描写对象：剑门关

位置：四川省广元市剑阁县东北

置关年代：武周圣历年间

得名原因：大剑山、小剑山峰峦连绵，下有隘路如门

游诗境

官军收复了蓟北，这一喜讯忽然传到了剑外。我刚刚听到时十分欢喜，涕泪洒满了衣服。回头看妻子和孩子，他们不再忧愁，我胡乱地卷起诗书，欣喜若狂。白天放声歌唱，开怀痛饮，趁着明媚春光与妻儿一同返回家乡。就从巴峡穿过巫峡，再过襄阳，前往洛阳。

解诗情

这首诗的前四句写喜悦心情，后四句言还乡打算，通篇以一“喜”字贯穿，流露出诗人喜怒哀乐之情都以国事为转移的可贵精神。这首诗气势流畅，音节响亮，风格爽健明快，虽是格律严谨的律诗，却又带有古诗韵味，在杜诗中别具一格。

知背景

广德元年（763）正月，唐军收复蓟北，安史之乱结束。杜甫听到这个消息后欣喜若狂，遂用饱含激情的笔墨写下了这首著名的诗篇。

凉州词

［唐］王之涣

黄河远上白云间，
一片孤城万仞山。
羌笛何须怨杨柳，
春风不度玉门关。

注释

万仞：形容极高。

何须：何必。

度：吹到。

地理名片

描写对象：玉门关

位置：甘肃省敦煌市西北小方盘城

历史地位：联系中原与西域的交通门户

游诗境

黄河好似一条丝带飞上云端，一座孤城矗立在高山之巅。羌笛何须吹奏那倾诉离情的《折杨柳》，因为春风到不了玉门关。

解诗情

“黄河远上白云间，一片孤城万仞山。”一个“远”字，在雄阔的背景下寄托了边塞将士对遥远家乡的思恋。一个“孤”字，在萧索的气氛中渲染了将士们心灵的孤独。后面两句以凝重深沉的笔调抒写他们的征人情怀。“何须”二字，言不怨而怨愈浓烈，将边塞将士的孤苦之情，对朝廷恩泽不及边塞的哀怨，不露痕迹地尽托于“春风不度”的自然景观中。

学文史

凉州词原是凉州一带的歌曲。唐代诗人多用此调作歌词，描写西北边地的塞上风光和战争情景。

黄鹤楼送孟浩然之广陵

[唐] 李白

故人西辞黄鹤楼，
烟花三月下扬州。
孤帆远影碧空尽，
唯见长江天际流。

注释

之：往，到……去。

故人：老朋友，这里指孟浩然。

烟花：指春天繁花似锦的美丽景象。

地理名片

描写对象：黄鹤楼

位置：湖北省武汉市武昌区蛇山

属地位置：湖北省东部、长江与汉江交汇处

属地地位：华中重要的物资集散地和最大的水陆交通枢纽

属地名胜：东湖、龟山、归元寺

游诗境

花柳如烟的暮春三月，老朋友孟浩然在黄鹤楼前向我道别。他将乘船到长江下游的扬州去。我见他的小船越去越远，帆影越来越模糊，最后消失在蓝蓝的天空里，只剩下绵绵无尽的长江水，浩浩荡荡，奔向天边。

解诗情

这首送别诗情景交融，飘逸隽永。尤其是后两句，纯然写景，但诗人的深情藏在其中。看到帆影渐尽，意味着诗人目送时间之长。“唯见长江天际流”，江流滚滚蕴含了诗人起伏的心绪和无尽的愁思。在苍茫空阔的景象中，诗人对友人的一片真情弥漫其中，意味深长。

自相矛盾

［战国］韩非

楚人有鬻盾与矛者，誉之曰：“吾盾之坚，物莫能陷也。”又誉其矛曰：“吾矛之利，于物无不陷也。”或曰：“以子之矛，陷子之盾，何如？”其人弗能应也。夫不可陷之盾与无不陷之矛，不可同世而立。

注释

鬻：售卖。

誉：夸赞。

陷：刺穿。

利：锋利。

地理名片

描写对象：楚国

楚国国都：陈

今地：河南省周口市淮阳区

当地名胜：太昊陵、弦歌台

解散文

楚国有一个卖盾和矛的人，他夸耀自己的盾说：“我卖的盾非常坚固，什么东西都刺不穿它。”他又夸耀自己的矛说：“我卖的矛特别锋利，可以刺破任何东西。”有人问这个楚人：“用你的矛刺你的盾，结果会怎么样？”这个楚人无法回答。不能被刺穿的盾与什么东西都能刺穿的矛是不可能同时存在的。

识意象

矛，中国古代兵器，用于刺杀。商周时的矛用青铜制成，至汉时多用铁制成。盾，古代作战时用来抵御刀箭等的武器。

乡村四月

[宋] 翁卷

绿遍山原白满川，
子规声里雨如烟。
乡村四月闲人少，
才了蚕桑又插田。

注释

山原：山陵和原野。

白满川：田里的水色映着天光。

才了：刚刚结束。

地理名片

诗人家乡：永嘉

今地：浙江省温州市

位置：浙江省东南部沿海

当今地位：中国历史文化名城

当地名胜：文天祥祠、龙湾炮台

游诗境

初夏时节，江南的山野和平原绿油油的。河流水涨，白茫茫的一片。在如烟似雾的细雨中，杜鹃鸟不时地鸣叫。乡村的四月正是农事最忙的时候，刚刚结束了种桑养蚕的事，村民就开始插秧了。

解诗情

这是一首描写江南农村初夏风光的诗。第一句以“绿”写草木葱茏，

以“白”写水光明澈，妙在以色彩代景物，突出明丽的视觉印象。第二句写杜鹃声声、烟雨迷蒙的景观，可谓声色俱佳，使画面洋溢出活泼的生机。后两句由自然景色转入村民的劳动：“才”和“又”的虚字搭配写出了农事的紧凑繁忙。这首诗动静相兼，绘声绘色，颇具范成大田园诗的风格。

识意象

杜鹃，又名杜宇、子规，其种类很多，部分不营巢孵卵，而是产卵于其他鸟类的巢中，或产卵后用嘴衔入，由巢主代为孵卵育雏。相传，杜鹃为古蜀王杜宇之魂所化。春末夏初，杜鹃常昼夜啼鸣，其声哀切。

杨氏之子

[南朝] 刘义庆

梁国杨氏子九岁，甚聪惠。孔君平诣其父，父不在，乃呼儿出。为设果，果有杨梅。孔指以示儿曰："此是君家果。"儿应声答曰："未闻孔雀是夫子家禽。"

注释

惠：同"慧"。

诣：拜访。

夫子：古时对男子的敬称，这里指孔君平。

地理名片

作者任职地：广陵

今地：江苏省扬州市西北

历史地位：海上"丝绸之路"主要港口

当今地位：江苏省中部重要的经济、文化和交通中心

解散文

梁国杨家的孩子九岁了，很聪明。孔君平去拜访他父亲，他父亲不在家，孔君平就叫孩子出来。孩子为孔君平摆上果品，其中有杨梅。孔君平指着杨梅给他看，说道："这是你们家的家果。"孩子随声答道："我没有听说过孔雀是先生家的家禽。"

学文史

本文选自《世说新语·言语》。《世说新语》原称《世说》，亦称《世

说新书》，为古小说集，分德行、言语、政事、文学等三十六门，主要记载汉末至东晋士大夫的言谈、逸事。当时士族的思想、生活和清谈放诞的风气，在书中得到较多的反映。

宿建德江

[唐] 孟浩然

移舟泊烟渚，
日暮客愁新。
野旷天低树，
江清月近人。

注释

渚：水中间的小块陆地。
天低树：天幕低垂，好像和树木相连。
近：亲近。

地理名片

描写对象：睦州
今地：浙江省杭州市建德市东北
当地农产：稻、小麦、玉米、甘薯
当地名胜：灵栖洞、子胥渡

游诗境

把船停靠在一个雾气笼罩下的小沙洲边，这时天色渐晚，让在他乡的我添了新的忧愁。原野无边无际，远处的天空很低，好像和树连在了一起。月亮的影子倒映在清澈的江水上，好像来和船上的我亲近。

解诗情

四十岁时，孟浩然在长安（今陕西省西安市）举进士不第。为了排解因仕途失意而生的烦恼，他于第二年南下，希望在山水中得到心灵上的慰藉。本诗就是这次旅程中的作品。全诗为读者呈现的是这样一组意象：云天苍苍，旷野茫茫，孤舟客子，冷月清江。在这个孤寂清冷的世界里，诗人客居异乡的惆怅、理想破灭的苦闷、仕途坎坷的忧愤与眼前的景物交织在一起，构成了清冷旷远的意境，感人至深，耐人寻味。

六月二十七日望湖楼醉书

［宋］苏轼

黑云翻墨未遮山，
白雨跳珠乱入船。
卷地风来忽吹散，
望湖楼下水如天。

注释

醉书：喝醉酒时写下的作品。

黑云翻墨：像墨一样的乌云在翻动。

跳珠：雨水打在船上，像乱蹦的珍珠。

水如天：形容湖面像天空一样开阔而平静。

地理名片

诗人任职地：儋州

今地：海南省儋州市西北

位置：海南岛西北部、北门江流域

当地名胜：东坡书院、伏波庙

游诗境

黑云像打翻了的墨汁，虽然没有完全遮住山，但天空霎时变得昏暗。白亮亮的雨点好像无数珍珠，乱纷纷地跳进船舱里。猛然间，狂风大作。刹那间，雨散云飞。登楼凭栏而望，湖面上天入水，水映天，水色和天光一样的明净，一色的蔚蓝。

解诗情

这首诗突出一个“醉”字：醉于酒，更醉于山水之美。诗人因醉而生灵感，于是赋成了这首即景佳作。他用诗句捕捉到西子湖一番别具风情的“表演”——乌云骤聚，大雨突降，顷刻间雨过天晴。云呢？雨呢？

不知去了哪儿，方才的一切好像不曾发生过，只剩下水天一色的美景。

赏写法

诗人先在船中，后在楼上，捕捉住急剧变化的自然风光：云翻、雨泻、风卷、天晴，有远有近，有动有静，有声有色，有景有情，读罢如身临其境。

知背景

望湖楼在杭州西湖边，五代时吴越王钱俶建。熙宁五年（1072），诗人在杭州任通判。六月二十七日，他到望湖楼游宴。当时，云起雨降，风来天晴，诗人写下五首绝句，此诗是其中之一。

西江月 · 夜行黄沙道中

[宋] 辛弃疾

明月别枝惊鹊，清风半夜鸣蝉。稻花香里说丰年，听取蛙声一片。　七八个星天外，两三点雨山前。旧时茅店社林边，路转溪桥忽见。

注释

别枝：横斜的树枝。

茅店：用茅草盖的旅舍。

社林：社庙丛林。

见：同“现”。

地理名片

描写对象：黄沙岭

今地：江西省上饶市西

属地地位：赣东北物资集散和交通中心之一

属地矿产：铜、铅、锌、金、银

游词境

皎洁的月光打在横斜的树枝上，惊飞了枝头的喜鹊，清凉的晚风吹来了远处的蝉叫声。在稻花的香气里，人们谈论着丰收的年景，耳边传来青蛙的阵阵叫声。

天边闪烁着几个星星，山前下起了小雨。往日用茅草盖的旅舍在社庙丛林的旁边，过溪桥后转了个弯，它忽然出现在眼前。

解词情

这是一首描写田园风光的词，体现了一种恬静的生活美。词中流露

出词人对丰收之年的喜悦和对农村生活的热爱。

知背景

词人一生坚决主张抗金。在《美芹十论》《九议》等奏疏中，他要求加强作战准备，激励士气，以恢复中原。然而，他提出的建议，均未被朝廷采纳，词人便长期落职闲居于江西上饶（今江西省上饶市西北）、铅山（今江西省铅山县南）一带。这首词就是他在上饶时期的作品。

过故人庄

[唐] 孟浩然

故人具鸡黍，邀我至田家。
绿树村边合，青山郭外斜。
开轩面场圃，把酒话桑麻。
待到重阳日，还来就菊花。

注释

过：拜访。

具：准备，置办。

合：环绕。

轩：窗户。

地理名片

作诗地点：襄阳

今地：湖北省襄阳市

当地农产：小麦、稻、棉花

当地名胜：米公祠、夫人城

游诗境

老朋友准备了丰盛的饭菜，邀请我去村里做客。村子被一圈绿树环抱，苍翠的青山横卧在村子外面。推开窗户，迎面而来的是谷场、菜园。我们举杯对饮，闲聊着庄稼的长势。等到重阳节，我再来这里观赏菊花。

解诗情

这是一首田园诗，描写了农家恬静闲适的生活情景，也写了老朋友之间的美好情谊。诗人以话家常的形式，展现了他从到访到告别的过程。全诗的用语平淡无奇，却体现了田园景物的清新、朋友情谊的深厚和农家生活的简朴，表达了诗人对这种生活的向往和喜爱。

春日

[宋] 朱熹

胜日寻芳泗水滨，
无边光景一时新。
等闲识得东风面，
万紫千红总是春。

注释

胜日：天气晴朗的好日子。

寻芳：游春，踏青。

泗水：河名，在今山东省。

光景：风光景色。

等闲：寻常，随便。

地理名片

诗人出生地：尤溪

今地：福建省三明市尤溪县

位置：福建省中部、闽江支流尤溪中下游

当地名胜：蓬莱山、南溪书院

游诗境

阳光明媚的日子，我来到泗水边，寻访春天的美景。只见风光无限，生机勃勃，令人耳目一新。谁都可以认出春天的模样，因为百花开放，万紫千红，到处都是春天的景致。

解诗情

从字面上看，这首诗写得浅显明白。但正是这一特点，将不少人瞒过。诗人作此诗，其用意不在描写春光。诗的首句说他“寻芳泗水滨”，其地春秋属鲁，孔子尝居洙、泗之间，教授弟子。宋室南渡，泗水已入金人掌握之中，诗人未曾北上，怎能于此游春吟赏？其实，诗中“泗水”暗指孔门。所谓“寻芳”，即求圣人之道。可以看出，诗人神游泗水，借泗水这处圣地来说理，寓“理趣”于感性之中。

回乡偶书

[唐]贺知章

少小离家老大回，
乡音无改鬓毛衰。
儿童相见不相识，
笑问客从何处来。

注释

少小：年少的时候。
乡音：家乡的口音。
相见：看见我。

地理名片

诗人移居地：山阴
今地：浙江省绍兴市
位置：浙江省中北部
当地特产：绍兴酒
当地名胜：鲁迅故居、秋瑾故居

游诗境

年轻时我就离开家，直到老了才回到故乡。虽然乡音未改，但鬓毛却已疏落。故乡的孩子们一个也不认识我。他们围着我，笑嘻嘻地问道："老爷爷，您从哪儿来？"

解诗情

人生易老，世事沧桑，家乡是放不下的牵挂。诗人离乡背井几十年，当他重新置身于熟悉又陌生的环境中，心头无限感慨。当年离家，正是风华正茂。今日还乡，已是垂垂老矣。不管我们走多远，不改的永远是乡音，不忘的永远是乡情，不变的永远是乡愁。

赏写法

这首诗运用了三种对比：通过少小离家与老大回乡的对比，突出了诗人离开家乡时间之长；通过乡音难改与鬓毛已衰的对比，突出了人事变化速度之快；通过白发衰翁与天真儿童的对比，委婉含蓄地表现了诗人回乡的沧桑之感。

浪淘沙

[唐] 刘禹锡

九曲黄河万里沙，
浪淘风簸自天涯。
如今直上银河去，
同到牵牛织女家。

注释

九曲：形容黄河河道弯弯曲曲。

簸：颠簸摇荡。

天涯：天边。

银河：指极高极远之处。

地理名片

诗人祖籍：中山

今地：河北省保定市定州市

位置：河北省中部

当地特产：定州猪、定州眼药

当地名胜：宋开元寺塔、定州汉墓群

学文史

浪淘沙，亦称“浪淘沙令”“卖花声”“过龙门”等。浪淘沙原是唐教坊曲名，后用为词牌。

解诗情

这首诗开篇点题，意境开阔，写出了黄河挟带万里沙的雄伟气魄。“如今直上银河去，同到牵牛织女家”极写黄河的源头遥远，追寻其浩荡气势的原动力。细细体味，读者自可透过字面，看到一幅壮美的山水写意画：桀骜不驯、弯弯曲曲的黄河奔腾着，咆哮着，滚滚东去。诗人掠过波峰浪脊，极目远眺，仿佛看到黄河与银河汇为一体，无边无际。

游诗境

黄河来自天边，浪高水急，弯弯曲曲，挟带着万里河沙。如今，我要迎着风浪直上银河，同黄河一起抵达牛郎织女的家。

知典故

牛郎织女是中国古代神话人物。织女是天帝的孙女，负责织造云锦。她嫁给牛郎后，织造中断，天帝大怒，将她与牛郎分隔在银河两岸，每年只许他们在农历七月初七相会一次。

江南春

［唐］杜牧

千里莺啼绿映红，
水村山郭酒旗风。
南朝四百八十寺，
多少楼台烟雨中。

注释

绿映红：绿树红花相互掩映。
山郭：依山的城郭。
楼台：亭台楼阁。

地理名片

描写对象：建康
今地：江苏省南京市
位置：江苏省西南部，濒临长江
当今地位：中国历史文化名城
当地名胜：南京城墙、玄武湖、夫子庙

学文史

从 420 年东晋灭亡到 589 年隋统一全国，中国历史上形成了南北对峙的局面，史称“南北朝”。其中，在南方与北朝对立的宋、齐、梁、陈四个朝代，统称“南朝”。

游诗境

春天来了，辽阔的江南大地上，黄莺在欢快地歌唱，茂密的绿叶映衬着鲜艳的红花。傍水的村庄，依山的城郭，酒旗在迎风飘扬。南朝时代，江南地区佛教盛行，建有众多古寺。当时的阴雨天，数不清的亭台楼阁笼罩在如烟般的蒙蒙细雨中。

解诗情

这是一首即景抒情诗。在前两句中，经过诗人妙笔生花的点染，江南的春色举目可见，倾耳可听。后两句言情，由万里无云的大好春色引起诗人吊古伤今的感慨。“南朝四百八十寺”，极言寺庙之多。然而，经过数百年的沧桑变化，它们已消失得一干二净。

“楼台烟雨中”不仅是诗人对南朝衰亡的咏叹，也有借古讽今之意。晚唐统治者大多崇信佛教，他们耗费了大量的人力物力，给广大劳动人民带来了极大的痛苦。诗人对南朝兴替发出的感慨，也是对唐朝统治者佞佛的讥讽。

书湖阴先生壁

[宋] 王安石

茅檐长扫净无苔，
花木成畦手自栽。
一水护田将绿绕，
两山排闼送青来。

注释

书：题诗。

茅檐：茅屋檐下。

成畦：成垄成行。畦，田园中排列整齐的小块田地。

排闼：开门。

地理名片

诗人任职地：舒州

今地：安徽省安庆市潜山市

位置：安徽省西南部、皖河上游

当地名胜：天柱山、太平塔

游诗境

主人经常打扫茅舍庭院，所以这里很洁净，没有青苔。庭院中的花木规整，排列成行，都是主人亲自栽种的。庭院外，一条小河环绕着碧绿的农田，两座山峰闯进门来，为主人送上青翠的山色。

赏写法

在这首诗中，诗人将“一水”“两山”转化为富有感情的亲切形象，为千古传诵。“一水护田”加“绕”字，可见小河曲折生姿，环绕着绿油油的农田，这不恰像一位母亲双手护着小孩的情景吗？“送青”之前冠以“排闼”二字更是神来之笔，它写出了山色不只是深翠欲滴，而竟似扑向庭院而来。这种描写既经锤炼又无斧凿之痕，清新隽永，韵味深长。

知背景

这是王安石题在杨德逢屋壁上的一首诗。杨德逢，别号湖阴先生，是作者退居金陵时的邻居和经常往来的朋友。

伯牙鼓琴

［战国］吕不韦

伯牙鼓琴，锺子期听之。方鼓琴而志在太山，锺子期曰：“善哉乎鼓琴，巍巍乎若太山。”少选之间而志在流水，锺子期又曰：“善哉乎鼓琴，汤汤乎若流水。”锺子期死，伯牙破琴绝弦，终身不复鼓琴，以为世无足复为鼓琴者。

注释

志：心志，情志。

太山：大山，高山。

少选：一会儿，不久。

汤汤：水流大而急的样子。

地理名片

作者家乡：卫国濮阳

今地：河南省濮阳市西南

位置：河南省东北部

得名原因：在濮水之阳

当今地位：中国历史文化名城

解散文

伯牙弹琴，锺子期欣赏他的琴艺。伯牙刚开始弹琴时，表现出攀登高山的志向，锺子期说：“弹得太好了，琴声表现了高山的巍峨。”过了一会儿，琴声变化，伯牙表现出随水奔流的志向，锺子期又说：“弹得太好了，琴声表现了流水的激荡。”锺子期死后，伯牙摔坏了琴，弄断了琴弦，终身不再弹琴，因为他认为世上再没有他值得为之弹琴的人了。

知背景

本文选自《吕氏春秋·本味》。《吕氏春秋》亦称《吕览》，为杂家的代表著作。全书共二十六卷，内分十二纪、八览、六论。书中的内容以儒、道思想为主，兼及名、法、墨、农及阴阳家的学说。本书汇合先秦各派学说，为当时秦国统一天下、治理国家提供了思想武器。

书戴嵩画牛

[宋] 苏轼

蜀中有杜处士，好书画，所宝以百数。有戴嵩《牛》一轴，尤所爱，锦囊玉轴，常以自随。

一日曝书画，有一牧童见之，拊掌大笑，曰："此画斗牛也。牛斗，力在角，尾搐入两股间，今乃掉尾而斗，谬矣。"处士笑而然之。古语有云："耕当问奴，织当问婢。"不可改也。

注释

《牛》：指戴嵩画的《斗牛图》。

拊掌：拍手。

搐：抽缩。

掉：摆动，摇。

地理名片

作者任职地：湖州

今地：浙江省湖州市

位置：浙江省西北部、太湖之滨

当今地位：中国历史文化名城

当地名胜：飞英塔、铁佛寺

解散文

蜀中有个杜处士，喜爱书画，他珍藏的书画数以百计。其中，他尤其珍爱戴嵩画的《斗牛图》。为了这幅画，他用锦缎做画囊，用玉做画轴，而且经常把它带在身上。

有一天，他展示书画，一个牧童看到了《斗牛图》，拍手大笑道："这画上画的是斗牛。牛在角斗时，力量集中在角上，尾巴夹在两条后腿中

间。但这幅画里的斗牛却摇着尾巴，画错了呀！”杜处士笑了，认为牧童说得对。古语说：“种田的事情应当问奴仆，织布的事情应该问女仆。”这个规律是不变的。

寒食

[唐] 韩翃

春城无处不飞花，
寒食东风御柳斜。
日暮汉宫传蜡烛，
轻烟散入五侯家。

注释

春城：春天的京城，这里指长安。

汉宫：这里用汉代皇宫借指唐代皇宫。

传蜡烛：指宫中传赐新火。

五侯：这里泛指权贵。

地理名片

描写对象：长安

今地：陕西省西安市

当今地位：中国历史文化名城

当地名胜：阿房宫遗址、灞桥、骊山

游诗境

在寒食节，春天的长安城中无处不飞花，东风吹拂着皇城中的柳树。傍晚，汉宫开始传赐新火，袅袅的轻烟飘散到权贵的家中。

解诗情

这是一首讽刺诗。诗中表面上描绘了寒食节长安城中的景象，其实另有深意。寒食禁火是习俗，而权贵却可以获得宫中赏赐的新火。诗人以汉代喻指唐代，讽刺了封建统治者滥用特权的现象。

学文史

“大历十才子”指唐代大历时期的十位诗人：卢纶、吉中孚、韩翃、钱起、司空曙、苗发、崔峒、耿沣、夏侯审、李端。

十五夜望月

［唐］王建

中庭地白树栖鸦，
冷露无声湿桂花。
今夜月明人尽望，
不知秋思落谁家。

注释

十五夜：中秋节的夜晚。

中庭：庭院中。

地白：月光照在庭院地上的样子。

地理名片

诗人家乡：许州

今地：河南省许昌市

位置：河南省中部

当今地位：中国历史文化名城

当地名胜：春秋楼、文峰塔、小西湖

游诗境

月光照在庭院中，地上好像铺了一层霜雪，树枝上栖息着乌鸦。秋露无声地打湿了庭院中的桂花。今天晚上，人们都在仰望明亮的月亮，却不知道思念之情落在了谁家。

解诗情

本诗的诗题一作《十五夜望月寄杜郎中》。前两句写景，不着一个月字，而望月之意自现。后两句抒情，不正面展开，却言人尽望月，将

自己的思念之情托出。全诗意境优美，想象丰富，含蓄隽永，在古代咏中秋诗中独具特色。

长歌行

汉乐府

青青园中葵，朝露待日晞。
阳春布德泽，万物生光辉。
常恐秋节至，焜黄华叶衰。
百川东到海，何时复西归？
少壮不努力，老大徒伤悲！

注释

布：布施，给予。
德泽：恩惠。
焜黄：形容草木凋落枯黄的样子。

地理名片

乐府所在地：长安
今地：陕西省西安市
当今地位：国家中心城市和副省级城市、关中城市群中心城市

游诗境

园中长着青翠的葵菜，其叶子上的露珠在日出时就会被晒干。温暖的春天散布着它的恩泽，万物生机勃勃。时常担心秋天来到，因为到时它们会失去鲜艳的光泽，变得枯黄，最终衰败。众多河流向东流入大海，什么时候能向西流回？年轻的时候不努力，到老了只能白白地悲伤叹气。

解诗情

这是汉代乐府诗中的一首名作。这首诗从“青青园中葵”说起，运

用“托物起兴”的写作手法，借物比人，借物言理，劝导青年人要珍惜青春年华，发奋努力，不要等老了再后悔。最后的警句“少壮不努力，老大徒伤悲”显得浑厚有力，深沉含蓄，如警钟长鸣，催人奋进。

马诗

[唐] 李贺

大漠沙如雪，
燕山月似钩。
何当金络脑，
快走踏清秋。

注释

燕山：燕然山。这里借指边塞。
钩：古代的一种兵器，形似月牙。
何当：什么时候。
金络脑：用黄金装饰的马笼头。

地理名片

诗人家乡：福昌
今地：河南省洛阳市宜阳县西
位置：河南省西部、洛河中游
得名原因：在宜水之阳
当地名胜：福昌阁、李贺故里

游诗境

月光下，广阔的沙漠白茫茫一片，像雪一样。在连绵的燕山上，如钩的明月悬在空中。什么时候能给我的马戴上用黄金装饰的马笼头，让我在秋高气爽的疆场上驰骋呢？

解诗情

本诗以广阔的西北高原为背景，在大漠、燕山、新月构成的自然景

色中，体现了诗人从戎边塞、报国立功的宏愿，颇有鼓舞读者奋进的作用。

前两句用了工整的对偶。“沙如雪”“月似钩”表现了诗人向往塞外生活的感情。后两句写了诗人在前述景观下生发的投笔从戎、勒铭燕山的雄心壮志。“清”有凉意。秋日天高气清，正是膘肥马壮的季节。在大漠中、燕山下纵横奔驰，该是何等轻快自在呀！

石灰吟

［明］于谦

千锤万凿出深山，
烈火焚烧若等闲。
粉骨碎身浑不怕，
要留清白在人间。

注释

若等闲：好像很平常的事情。

浑：全。

清白：这里一语双关，既指石灰洁白的本色，又比喻人高尚的节操。

地理名片

诗人任职地：太原府

今地：山西省太原市

位置：山西省中部、太原盆地北端

当今地位：中国历史文化名城

当地名胜：晋祠、天龙山石窟

游诗境

经过千锤万凿，人们从深山里开采出石灰石。在冶炼厂，石灰石把熊熊烈火的焚烧当作很平常的一件事。在经过锤击和焚烧后，石灰石已粉身碎骨，但它毫不惧怕，为的是把清白纯洁的本色留在人间。

解诗情

这是一首托物言志的咏物诗。诗人抓住石灰的特点，按照石灰的生产过程依次描写深山开采、高温烧制、碾成粉末等。全诗采用拟人手法，语意双关，物我合一，浑然一体。

品名句

“粉骨碎身浑不怕，要留清白在人间。”这两句诗广为后人传诵，集中描写了石灰勇于牺牲、清白正直的品格，语言通俗却精练深刻。“石灰精神”与诗人的理想人格完全吻合，注入了他的志向和情感。

竹石

[清] 郑燮

咬定青山不放松，
立根原在破岩中。
千磨万击还坚劲，
任尔东西南北风。

注释

咬定：比喻根扎得结实。
破岩：山岩的裂缝。
坚劲：坚强有力。
任尔：任凭你。

地理名片

诗人家乡：兴化
今地：江苏省泰州市兴化市
位置：江苏省中部
当地特产：兴化油菜、中庄醉蟹
当地名胜：施耐庵墓、郑板桥故居

解诗情

这首诗是为题咏《竹石图》而作。文人爱竹，因竹立霜雪而不凋，姿态万千，雅俗共赏。这首诗描写了岩竹的执着与坚劲，歌颂它坚贞不屈的特性，明写岩竹，实则句句写人，是诗人虚心自持、刚直不阿的品格的写照。

游诗境

岩石上的竹子紧紧咬住青山，毫不放松，是因为它的根深深地扎在岩石缝隙中。历经来自自然界的各种磨难和打击，岩竹苍翠坚韧，不惧怕东西南北的狂风肆虐。

品名句

在现实生活中，郑燮是一位与百姓有密切联系的官员，他敢于反映民间疾苦，不畏权贵。“千磨万击还坚劲，任尔东西南北风。”这两句诗表现了诗人在艰难曲折中百折不挠的精神，“任尔”二字突出了他战胜一切困难的伟大气魄。

学弈

[战国] 孟子

弈秋，通国之善弈者也。使弈秋诲二人弈，其一人专心致志，惟弈秋之为听；一人虽听之，一心以为有鸿鹄将至，思援弓缴而射之。虽与之俱学，弗若之矣。为是其智弗若与？曰：非然也。

注释

惟弈秋之为听：只听弈秋的教诲。

援：引，拉。

弗若：不如。

然：这样。

地理名片

作者家乡：邹

今地：山东省济宁市邹城市东南

位置：山东省南部

得名原因：邹山

当今地位：中国历史文化名城

解散文

弈秋会下棋，有国手的水平。让他教两个人下棋，其中一人一心一意，只听弈秋的教诲，另一个人虽然也在学习，可心里却以为有天鹅要飞来，于是想拿弓箭去射它。尽管两个人一道学习，要射天鹅的人的成绩却不如专心致志的人。是因为他不如人家聪明吗？不是这样的。

两小儿辩日

［战国］列子

孔子东游，见两小儿辩斗，问其故。

一儿曰："我以日始出时去人近，而日中时远也。"

一儿曰："我以日初出远，而日中时近也。"

一儿曰："日初出大如车盖，及日中则如盘盂，此不为远者小而近者大乎？"

一儿曰："日初出沧沧凉凉，及其日中如探汤，此不为近者热而远者凉乎？"

孔子不能决也。

两小儿笑曰："孰为汝多知乎？"

注释

辩斗：辩论，争论。

以：认为。

为：同"谓"，说。

知：同"智"，智慧。

地理名片

作者出身：郑国

郑国国都：新郑

今地：河南省郑州市新郑市

当地名胜：郑韩故城遗址、子产墓

解散文

孔子游历东方，看见两个小孩在争吵，于是上前询问他们争吵的原因。

一个小孩说：“我认为太阳刚出来时距离人近，正午时距离人远。”

另一个小孩说：“我认为太阳刚出来时距离人远，正午时距离人近。”

第一个小孩又说：“太阳刚出来时大得像车上的篷盖，正午时小得像个盘盂。这不就是因为远的东西看起来小，近的东西看起来大吗？”

第二个小孩又说：“太阳刚出来时给人寒凉的感觉，等到正午时就热得像把手伸进热水里一样，这不正是因为离得近让人感觉热，离得远让人感觉凉吗？”

孔子听了，不能判断谁对谁错。

两个小孩笑着说：“谁说你很聪明呢？”

送元二使安西

[唐] 王维

渭城朝雨浥轻尘，
客舍青青柳色新。
劝君更尽一杯酒，
西出阳关无故人。

注释

元二：作者的朋友，姓元，排行第二。

客舍：旅店。

更：再。

地理名片

描写对象：龟兹

今地：新疆维吾尔自治区阿克苏地区库车市东

位置：新疆维吾尔自治区西部、塔里木盆地北部、天山南麓

当今地位：中国历史文化名城

当地名胜：库木吐喇千佛洞、龟兹故城

解诗情

在前两句中，从清朗的天宇，到洁净的道路，从青青的客舍，到翠绿的杨柳，构成了一幅色调清新明朗的图景，为这场送别定下了基调：轻快而富于希望。诗人像高明的摄影师，拍下了最富表现力的镜头，因此后两句对设宴饯别等情节一概舍去，只剪取饯行宴席即将结束时诗人的劝酒辞。朋友上路的时刻终于到来，主客双方的惜别之情在这一瞬间到达了顶点。这句脱口而出的劝酒辞就是此刻强烈、深挚的惜别之情的集中表现。

游诗境

滑城早晨的一场春雨沾湿了浮尘，客舍周围柳树的枝叶翠嫩一新。朋友啊，请再饮一杯送行酒吧，等你向西出了阳关之后，恐怕就再也见不到老朋友了。

学文史

渭城，秦时咸阳城，汉代先后改称新城、渭城。渭城因南邻渭水而得名。唐代从长安往西去的，多在渭城送别。

春夜喜雨

[唐] 杜甫

好雨知时节，当春乃发生。
随风潜入夜，润物细无声。
野径云俱黑，江船火独明。
晓看红湿处，花重锦官城。

注释

知：明白，知道。雨水知时节是一种拟人化的写法。

潜：暗暗地，悄悄地。

地理名片

描写对象：成都

今地：四川省成都市

位置：四川省中东部

别名：锦官城

当今地位：西南地区重要的经济、文化和交通中心

游诗境

在最需要雨水的春天，好雨适时而落。它随着春风，在夜里悄悄落下，无声地滋润着万物。雨夜中，田间小路漆黑一片，只有江船上的灯火独自闪烁。天刚亮时，湿漉漉的花丛娇美红艳，成都变成了繁花盛开的世界。

解诗情

在这首诗中，前四句集中地赞美春雨的“好”，并以拟人的手法点

明春雨“好”的原因。一是春雨“知时节”，二是春雨为了不影响人们日间劳作而选择在夜间落下，三是春雨没有丝毫的沽名钓誉之心，只是甘心润物，而不喧哗扰人。第五、第六两句写景，通过野径俱黑、江火独明点明春雨范围之广，并暗示春雨持续时间之久。最后两句写春雨哺育百花的功劳，通过花多花美对春雨进行赞美，与第一句的“好雨”相互呼应。

学文史

锦官城，简称“锦城”，成都的别称。三国蜀汉时，管理织锦之官驻此，故名。

早春呈水部张十八员外

[唐]韩愈

天街小雨润如酥，
草色遥看近却无。
最是一年春好处，
绝胜烟柳满皇都。

注释

水部张十八员外： 指张籍，著名的唐代诗人。因为在同族兄弟中排行第十八，又曾任水部员外郎，所以他被称为“水部张十八员外”。

最是： 正是。

绝胜： 远远超过。

皇都： 帝都，这里指长安。

地理名片

诗人家乡： 河阳

今地： 河南省焦作市孟州市南

位置： 河南省西北部、黄河北岸

当地名胜： 韩愈祠墓、显圣王庙

游诗境

京城的街上细雨纷纷，雨丝像酥油一样细滑润泽。远远看去，草色连成一片，近看时却显得稀疏。一年之中最美的就是这早春的景色，它远胜烟柳满京城的时节。

解诗情

诗人凭借敏锐的观察力和生动的诗笔，用短短四句诗，就把早春之景写得惟妙惟肖，不仅抓住了早春之形，更摄住了早春之魂。他运用两个对比：遥看与近看、早春与仲春，更加衬托出早春的好，手法新颖，耐人寻味。

品名句

全篇中的绝妙诗句便是“草色遥看近却无”。早春时节，一场小雨过后，春草的芽儿冒了出来，远远望去，朦朦胧胧。可是，当人们带着无限喜悦走近前去，却发现地上的草芽稀稀落落，反而看不清是什么颜色了。远与近的空间差异，导致肉眼中草色的有与无，诗人的这一描写颇为传神。

江上渔者

[宋] 范仲淹

江上往来人，
但爱鲈鱼美。
君看一叶舟，
出没风波里。

注释

渔者：捕鱼的人。

出没：指一会儿可以看得见江上渔者，一会儿看不见。

风波：波浪。

地理名片

诗人任职地：饶州

今地：江西省上饶市鄱阳县

当地名胜：芝山、龙潭

游诗境

人们来往于江上，是因为他们只爱鲈鱼的鲜美，要先得为快。请你看一看，小小的渔船在浪涛中颠簸，一会儿露出水面，一会儿又被风浪隐没。为了谋生，捕鱼的人冒着多大的风险啊！

解诗情

全诗没有华丽的辞藻，而是以平常的语言，通过多处对比，表达出一种因物及人的高尚关爱。在“江上”和“舟中”两种环境、“往来”

和“出没”两种动态、吃鱼人和捕鱼人两种生活的强烈对比中，诗人表达了对捕鱼人疾苦的深切同情。全诗仅二十个字，但言近而旨远，词浅而意深，可以引发丰富的联想。

泊船瓜洲

[宋] 王安石

京口瓜洲一水间，
钟山只隔数重山。
春风又绿江南岸，
明月何时照我还。

注释

泊船：停船。
数重山：几重山。
绿：吹绿。

地理名片

描写对象：京口
今地：江苏省镇江市
位置：江苏省西南部、长江南岸
当今地位：长三角地区重要城市
当地特产：香醋、肴肉、酱菜

游诗境

我坐船从京口渡江，顷刻就到了瓜洲。这里与我居住的钟山只隔着几重山。春风又吹绿了江南的草木，而我何时才能在明月的照耀下返回钟山呢？

解诗情

这首诗体现了诗人内心的矛盾，而这正是本诗的主旨。熙宁八年（1075）二月，诗人第二次拜相，奉诏进京，舟次瓜洲。鉴于第一次罢相前夕朝中政治斗争的尖锐复杂，对于这次进京，他不能不产生重重顾虑。变法图强是他的政治理想，退居林下是他的生活理想。由于第一次变法遇到了强大的阻力，他本人也受到反对派的猛烈攻击。在这种情况下，第一次罢相后的居住地钟山对他产生了很大的吸引力。他相信自己回归山林，终将有日，故以“明月何时照我还”表达了这一想法。

品名句

“春风又绿江南岸”为千古名句。“春风”一词，既是写实，又有政治寓意。宋神宗下诏恢复诗人的相位，表明皇帝决心把新法推行下去。对此，诗人感到欣喜。他希望凭借这股温暖的春风驱散政治上的寒流，开创变法的新局面。“绿”在这里为动词，是吹绿的意思，诗人把春风转换成鲜明的视觉效果，极富表现力。

游园不值

[宋] 叶绍翁

应怜屐齿印苍苔，
小扣柴扉久不开。
春色满园关不住，
一枝红杏出墙来。

注释

怜：爱惜，怜惜。

屐齿：木鞋底前后的高跟儿。

苍苔：青色的苔藓。

小扣：轻轻地敲。

柴扉：柴门。

地理名片

诗人祖籍：浦城

今地：福建省南平市浦城县

位置：福建省北部、南浦溪上游，邻接江西、浙江两省

当地名胜：仙楼山、宋大口窑遗址

游诗境

也许是主人担心我的木屐踩坏他爱惜的青苔，所以在我轻轻地敲过柴门之后，门却久久未开。满园的春色是关不住的，有一枝开得正旺的红杏伸到墙外来了。

品名句

“春色满园关不住，一枝红杏出墙来。”“一枝红杏”正是“满园春色”的体现。诗人用小景写大景，景中有情，引人遐想。

卜算子·送鲍浩然之浙东

[宋] 王观

水是眼波横，山是眉峰聚。欲问行人去那边？眉眼盈盈处。　才始送春归，又送君归去。若到江南赶上春，千万和春住。

注释

水是眼波横：水像美人流动的眼波。

山是眉峰聚：山如美人蹙起的眉毛。

盈盈：仪态美好的样子。

地理名片

词人家乡：如皋

今地：江苏省南通市如皋市

位置：江苏省东南部、长江北岸

当地名胜：水绘园

游词境

水像美人流动的眼波，山如美人蹙起的眉毛。想问行人要去往哪里？行人要去山水交汇的地方。

刚刚送走春天，又要送你归去。假如你能赶上江南的春天，千万要把春天的景色留住。

解词情

这是一首送别词。词人用巧妙的比喻，表达了他送别友人时的心绪。上片写友人的山水行程，下片抒发了词人对友人的深情祝愿。

浣溪沙

[宋] 苏轼

游蕲水清泉寺，寺临兰溪，溪水西流。

山下兰芽短浸溪，松间沙路净无泥。潇潇暮雨子规啼。　　谁道人生无再少？门前流水尚能西！休将白发唱黄鸡。

注释

短浸溪：指初生的兰芽浸润在溪水中。

潇潇：这里形容雨声。

无再少：不能再回到少年时代。

地理名片

描写对象：蕲水

今地：湖北省黄冈市浠水县

位置：湖北省东部、长江北岸

得名原因：浠水

当地名胜：宋代舍利宝塔、清泉寺

游词境

我到蕲水的清泉寺游玩，寺庙在兰溪旁边，溪水向西流淌。

山下初生的兰芽浸润在溪水中，松林间的沙路被雨水冲洗得很干净。傍晚下起了小雨，松林间传来杜鹃的鸣叫声。

谁说人老了就不能再回到少年时代呢？门前的溪水还能向西流淌！不要因老去而悲叹。

解词情

这首词描写了南方的雨中景色，表达了词人老当益壮、自强不息的精神，洋溢着一种热爱生活、旷达乐观的人生态度。

清平乐

[宋] 黄庭坚

春归何处？寂寞无行路。若有人知春去处，唤取归来同住。　　春无踪迹谁知？除非问取黄鹂。百啭无人能解，因风飞过蔷薇。

注释

无行路：没有留下春去的行踪。

啭：鸟婉转地鸣叫。

因风：借着风势。

地理名片

词人家乡：分宁

今地：江西省九江市修水县

位置：江西省西北部、修水上游

得名原因：修水

当地名胜：黄龙山、清水岩

游词境

春天去了哪里？四处一片寂静，没有留下春去的踪迹。如果有人知道春天的去处，帮我唤它回来，一起居住。

谁知道春天的踪迹？除非去问黄鹂。黄鹂千百遍地婉转鸣叫，但没人能听懂。一阵风起，它便凭借风势飞过了蔷薇。

解词情

这是一首感叹时光去而不返的惜春词。词人以清新细腻的语言，抒写了对春天逝去的惋惜，表现了他对美好春光的热爱。